Las aventuras de Isabela

Karen Rowan

Second Edition

The First of Four Novellas
in Basic Spanish

Editado por Contee Seely,
Pablo Ortega López y muchos otros

FLUENCY FAST LANGUAGE CLASSES, INC.
DENVER, COLORADO
719-633-6000
KAREN@FLUENCYFAST.COM
WWW.FLUENCYFAST.COM

con

Command Performance Language Institute
28 Hopkins Court
Berkeley, CA 94706-2512
Phone: 510-524-1191
Fax: 510-527-9980
info@cpli.net
www.cpli.net

Las aventuras de Isabela
is published by
FLUENCY FAST LANGUAGE CLASSES,
which offers dynamic
spoken language classes
which enable students to acquire
Arabic, French, German, Mandarin,
Russian or Spanish
easily, inexpensively, effectively
and in a brief period of time.

with

Command Performance Language Institute,
which features
Comprehensible Input products
for language acquisition.

llustrated by Pol (Pablo Ortega López) (www.polanimation.com)

An **audio version** of *Las aventuras de Isabela* is available. A *teacher's guide*
may also be available.

Please note: While this book is not designed or intended primarily for children 12 years of age or younger, it
is certainly appropriate and safe to use with learners of all ages.

Primera edición: junio de 2009
Segunda edición: mayo de 2018

First edition published June, 2009
Second edition published May, 2018

ISBN: 978-1-60372-231-5

Índice

Acknowledgments

My dear friend Jason Fritze, who uses this book in his 4th and 5th grade classes in Laguna Beach, CA, contributed many edits and suggestions to the Second Edition. For 20 years of friendship, his familiarity with Isabela, his willingness to take the time to edit chapter by chapter, and his unparalleled ability to make everything better, I am grateful.

Many thanks to the teachers and elementary school students who read and critiqued earlier drafts of this book. Each suggestion was incorporated into the final draft.

This book is dedicated to Kassidy, my muse, who initially inspired me to write the character of Isabela on our first trip to Mexico when she was two by playing in wet cement and kidnapping a pigeon and giving it a bath in the laundry basin.

Go to *www.fluencyfast.com/Isabela* for information on future Isabela adventures and pictures or to contribute suggestions or ideas.

Las aventuras de Isabela is set in Guanajuato, Guanajuato, Mexico. Amigos de los Animales is a local organization that rescues stray dogs in the city. To see pictures of other rescued dogs, go to *www.amigosanimalesgto.org/*.

Suggestions for Reading This Book on Your Own
(rather than having it taught to a class by a teacher)

1. It should be 90 to 98% comprehensible. That means you should understand almost all of the words.

2. There are glossaries in the back in case you need to look up any words. It's okay if you don't understand every single word. If the expression is important, it will reappear and explain itself; if it is not so important, it is no big loss to skip it.

3. Reading should feel fun. Ideally, you should get lost in the story.

Capítulo uno:
Yo soy Isabela

Me llamo Isabela Huffman. Yo tengo ocho años y medio. Yo tengo pelo rubio y ojos azules.

Mi mamá se llama Elizabeth Huffman. Ella tiene veintinueve años. Ella es alta. Tiene pelo castaño y ojos cafés. Mi mamá viaja mucho por su trabajo. Yo voy con ella. Ella trabaja. Ella trabaja y yo tengo aventuras.

Yo tengo una cámara. Yo saco muchas fotografías. Yo tengo un librito de mis aventuras. Yo quiero ser famosa. Quiero ser famosa como una pirata. Yo no quiero ser famosa como una pirata normal. Yo quiero ser famosa como una pirata súper famosa.

O quiero ser famosa como una actriz.

O quiero ser famosa como una actriz y una veterinaria.

O quiero ser famosa como una veterinaria y una bailarina. Una bailarina famosa.

O quiero ser la presidenta.

O quiero ser la presidenta y una bailarina.

Depende.

No soy famosa. Pero quiero ser famosa.

Capítulo dos:
Yo saco fotografías

Yo viajo a México con mi mamá. Vamos en avión y vamos en autobús. Yo prefiero el avión. El autobús es feo. En el autobús yo juego videojuegos y dibujo. No leo en el autobús. No leo en el autobús porque un día yo vomité en el baño del autobús.

Nosotras vamos a la universidad. ¡Es una universidad muy grande! Se llama la Universidad de Guanajuato. Mi mamá me mira. Me dice:

—Isabela, siéntate, por favor, por diez minutos.

Mi mamá entra en la universidad. Yo no entro en la universidad. Yo me siento en la escalera. Me siento por... un minuto. Yo saco fotografías de los estudiantes. Los estudiantes corren por la escalera. Los estudiantes corren para hacer ejercicio. Yo quiero correr con los estudiantes. Yo corro con los estudiantes. Es muy difícil. Yo casi me muero. Yo no puedo respirar.

Mi mamá sale de la universidad. Me mira. Ella me mira en la escalera. Ella me mira y se ríe. Yo estoy cansada porque corro mucho. Mi mamá me dice:

—¿Por qué no puedes sentarte como una niña normal?

Capítulo tres:
Las estatuas

Nosotras vamos a la iglesia. Mi mamá me dice:

—No toques nada con las manos.

Yo entro en la iglesia con mi mamá.

Se llama Basílica Colegiata de Nuestra Señora de Guanajuato (Our Lady of Guanajuato). Es una iglesia grande y bonita. Yo saco fotografías de la iglesia. Yo saco fotografías de las estatuas. Yo saco fotografías de los pies de las estatuas. Yo saco fotografías del ombligo de las estatuas.

Yo también toco todas las estatuas. No toco las estatuas con mis manos. Yo toco las estatuas con mis pies. Yo toco las estatuas con mi cabeza. Yo toco las estatuas con mi ombligo.

Yo no toco las estatuas con mis manos.

Yo quiero tocar las estatuas con mi lengua. Pero mi mamá me mira. Ella no está contenta.

Ella me dice:

—Isabela, ¿por qué no puedes mirar y tocar como una niña normal?

—Yo no soy normal. Yo soy famosa. Es obvio.

Capítulo cuatro:
El caballito (y otras aventuras)

Vamos al mercado y compramos fruta y juguetes. Mi fruta favorita es el mango. Yo quiero un mango. Mi mamá me da dinero para comprar un mango. Yo saco una fotografía del mango. Yo compro un mango por treinta pesos. Pero tengo un problema. Yo pongo chile en mi mango. Es normal en México. Es bueno en México. Yo pienso que es muy, muy, muy, muy malo. En la opinión de mi boca es súper malo. Yo grito. Yo lloro. Yo grito y lloro mucho. Mi mamá me mira. Mi mamá se ríe.

—Isabela, ¿por qué no puedes comer como una persona normal?

Yo voy al parque con mi mamá. Yo veo un caballito. Yo quiero montar al caballito. Todos los niños en el parque montan al caballito. El caballito camina en círculos para todos los niños. Pero, cuando yo monto al caballito, el caballito no camina. El caballito camina con todos los otros niños. Pero, cuando yo me siento en el caballito, el caballito no camina. El caballito hace pipí. El caballito hace popó. El caballito no camina. Mi mamá saca una fotografía. Ella se ríe y me dice:

—Isabela. Es normal. No importa.

Pero yo no quiero montar a un caballito que hace pipí. Yo no quiero montar a un caballito que hace popó. Es un problema para personas famosas. Yo no saco una fotografía del caballo. Yo no saco una fotografía del popó.

Mi mamá y yo vamos en otro autobús. Éste es mi autobús favorito. Es mi autobús favorito porque yo no vomito. También es mi autobús favorito porque dos hombres con guitarras están en el autobús. Yo saco fotografías de ellos. Todas las personas en el autobús me miran porque yo saco fotografías en el autobús. Prefiero los autobuses con música. Yo canto con los dos hombres con guitarras. Yo pienso que yo canto muy bien. Todas las personas en el autobús me miran. Yo pienso que me miran porque canto muy bien. Yo quiero ser famosa. Yo practico mucho. Practico para ser famosa.

Capítulo cinco:
La zapatería

Un día mi mamá entra en la zapatería. Mi mamá quiere más zapatos. Mi mamá tiene muchos zapatos, pero quiere más. Es una obsesión. Mi mamá tiene un problema. Tiene una adicción.

Mi mamá me dice:

—Yo quiero comprar zapatos. ¿Tú también quieres comprar zapatos? Tú necesitas más zapatos.

En mi opinión, los zapatos son ridículos. Yo le respondo:

—No, gracias. Los zapatos son ridículos.

—Está bien, Isabela. Siéntate por diez minutos.

En mi opinión sentarse también es ridículo. Yo me siento. Me siento... por un minuto.

Yo veo a una mujer en la calle. Ella es una mamá con un bebé y otros cuatro hijos. Yo veo una familia grande.

Yo me levanto. Yo camino hacia la familia.

La mamá de la familia dice:

—Mi hijo no tiene zapatos. ¿Tiene usted dinero para comprar zapatos para mi bebé?

Yo miro los pies de la familia. La mamá de la familia no tiene zapatos. El bebé no tiene zapatos. Los niños no tienen zapatos. Yo saco una fotografía de los pies del bebé.

Yo estoy triste porque la familia no tiene zapatos. Los niños caminan en la calle, pero no tienen zapatos.

Los zapatos son ridículos para mí. Los zapatos son ridículos para mí porque yo tengo muchos zapatos. Los zapatos no son ridículos para la familia. La familia no tiene zapatos. La familia tiene un problema. La familia necesita zapatos.

¡Perfecto! ¡Yo tengo una idea!

Yo le grito a mi mamá en la zapatería:

—Mamá, ¿hay zapatos para niños en la zapatería? Quiero comprar cinco pares de zapatos.

Capítulo seis:
Zapatos para la familia

Mi mamá me dice:

—¡Es buena idea, Isabela!

Yo entro en la zapatería. La familia también entra en la zapatería.

Mi mamá mira a la familia. Mi mamá me mira. Mi mamá me mira con ojos grandes. Mi mamá me mira por un minuto. Yo saco una fotografía de mi mamá. Yo saco una fotografía de la expresión de mi mamá.

Mi mamá mira a los niños.

Mi mamá le dice a la mamá de la familia:

—Hola. Me llamo Elizabeth Huffman. Mucho gusto.

13

Yo miro a la niña de la familia y le digo:

—Me llamo Isabela. ¿Quieres zapatos nuevos?

La niña me dice:

—Sí.

Los niños no hablan.

El hombre en la zapatería le da zapatos nuevos a toda la familia. Él tiene muchos zapatos nuevos. Yo pienso que los zapatos no cuestan mucho. ¡Solamente cuestan mil cuarenta pesos!

Mi mamá se ríe. Ella me dice:

—Isabela, tú eres especial. ¿Tú también quieres zapatos para ti?

Yo le digo:

—¡Qué ridículo, mamá! Yo tengo muchos zapatos. Yo tengo zapatos rojos. Yo tengo zapatos azules. Yo tengo zapatos para la escuela. Yo tengo zapatos para fiestas. Yo no necesito zapatos. Los zapatos son ridículos. Pero la familia no tiene zapatos. La familia necesita zapatos. Los zapatos no son ridículos para la familia.

Capítulo siete:
Tortillas y helado

Mi mamá y la familia y yo caminamos al mercado. Todos comemos tostadas en el mercado. ¡La comida en el mercado es buena! Preparan la comida en medio del mercado. Los frijoles y las tortillas son buenos. Yo como dos tostadas. Los otros niños también comen dos. Las tostadas son buenas, pero yo prefiero helado. Vamos a la heladería y también compramos helado para todos. Yo saco fotografías del helado.

Los niños y yo lavamos nuestras manos en el baño de la heladería y comemos mucho helado. El helado en México es muy bueno. Todos los niños comen helado de chocolate. Pero yo como helado de mango.

Yo pienso mucho en la familia. Los niños no hablan mucho. La mamá no habla mucho. La familia no tiene mucho dinero. Normalmente la familia no come helado. Normalmente la familia no come frijoles y tortillas en el mercado. Normalmente la familia no come mucho.

Capítulo ocho:
La panadería

Un día, yo camino con mi mamá. Caminamos por la calle. Yo veo una panadería. ¡Mmmmm! El pan dulce es bueno.

Mi mamá y yo entramos en la panadería. Yo saco fotografías del pan dulce.

Mi mamá me dice:

—Isabela, siéntate por un minuto.

Mi mamá compra pan dulce. Ella habla con la persona en la panadería. Mi mamá compra pan dulce y habla y habla y habla.

La persona en la panadería dice:

—Hay perritos en la oficina de la veterinaria.

Mi mamá compra pan dulce, pero yo no me siento. Yo corro a la oficina de la veterinaria.

Capítulo nueve:
La oficina de la veterinaria

Yo veo un papel en la ventana de la oficina de la veterinaria. Yo leo:

"Los perritos necesitan una casa nueva".

Yo entro en la oficina. Yo miro tres perritos en el suelo. Los perritos juegan con dos niños.

—Hola. Me llamo Isabela. ¿Cómo te llamas?

Un niño dice:

—Me llamo Carlos.

Carlos tiene nueve o diez años. Tiene pelo castaño y ojos cafés.

El otro niño se llama Jorge. Él tiene cinco años. También tiene pelo castaño y ojos cafés.

Miro a los perritos y le pregunto:

—¿Cómo se llaman los perritos? Jorge me dice:

—Se llaman Pulgas, Gaby y Sam.

Yo saco fotografías de Pulgas, Gaby y Sam.

****

Yo me siento en el suelo con los perritos. Yo juego con los perritos y con Carlos y Jorge. Los perritos corren. Un perrito salta sobre mi estómago. Yo me río. Yo quiero uno de los perritos. Yo me siento y juego con los perritos.

La veterinaria me dice que hay muchos perros en Guanajuato. La mamá de los perritos abandonó a los perritos. Los perritos necesitan una casa nueva.

Carlos le dice a Gaby:

—Siéntate.

Gaby se sienta.

Yo saco una fotografía de Gaby.

Jorge le dice a Pulgas:

—Siéntate.

Pulgas se sienta.

Yo saco una fotografía de Pulgas.

Yo le digo a Sam:

—Sam, siéntate.

Sam no se sienta. Sam corre.

Capítulo diez:
Sam

Mi mamá entra en la oficina de la veterinaria.

Mi mamá no está contenta. Mi mamá me mira. Yo me siento en el suelo con los perritos.

—Yo quiero un perrito, mamá. Todos los perritos son fabulosos, pero yo prefiero a Sam. Quiero adoptar a Sam.

Sam corre hacia mi mamá. Sam le salta hacia mi mamá. Es un perrito perfecto. Es un perrito perfecto, pero no se sienta. Pulgas se sienta. Gaby se sienta. Sam no se sienta. Mi mamá me mira. Mi mamá mira al perrito. Mi mamá me mira. Yo me siento en el suelo en la oficina de la veterinaria.

—¡Qué interesante! —dice mi mamá—. El perro no se sienta. ¡El perro no se sienta, pero Isabela se sienta como una niña normal!

Mi mamá le dice a la veterinaria:

—Yo pienso que es el perrito perfecto para Isabela.

La veterinaria se ríe. Carlos y Jorge también se ríen. Yo me siento en el suelo y juego con mi perrito nuevo, Sam. Yo saco fotografías de Sam y Sam corre.

En este momento un fotógrafo entra en la oficina de la veterinaria. El fotógrafo es del periódico de Guanajuato. Él tiene una cámara. Tiene una cámara grande. Él es un fotógrafo famoso del periódico de Guanajuato. Saca una fotografía de Carlos de Jorge, de los tres perritos y de mí. Saca una fotografía para el periódico de Guanajuato. Él saca una fotografía con la cámara.

Yo soy famosa. Yo tengo una fotografía en el periódico de Guanajuato. Yo soy más famosa que el presidente. Yo soy más famosa que una actriz. Yo soy más famosa que una pirata.

Yo soy Isabela, la famosa.

Yo tengo una idea. Yo no quiero ser la presidenta. Yo no quiero ser actriz. Yo no quiero ser pirata.

Yo quiero ser una fotógrafa famosa.

Yo quiero ser la fotógrafa famosa, Isabela.

Isabela, la fotógrafa famosa.

Isabela y Sam.

El perrito Sam es la aventura perfecta para una fotógrafa súper famosa como yo.

CHAPTER BY CHAPTER VOCABULARY

Capítulo uno: Yo soy Isabela

yo I
soy I am
me llamo I call myself
tengo I have
ocho eight
años years
y and
medio a half
pelo hair
rubio blonde
ojos eyes
azules blue
mi my
mamá mom
se llama calls herself
ella she / her
tiene she has
veintinueve twenty-nine
es is
alta tall
castaño dark-haired
cafés brown
viaja travels
mucho a lot
por for
su her
trabajo work

voy I go
con with
trabaja works
las aventuras the adventures
una cámara a / one camera
saco muchas fotografías I
 take many pictures
librito little book
de of
mis my
quiero I want
ser to be
famosa famous
como like
una pirata a pirate (female)
no not
o or
una actriz an actress
una veterinaria a female
 veterinarian
la the
una bailarina a ballerina
presidenta president
 (female)
depende it depends
pero but

Capítulo dos: Yo saco fotografías

viajo I travel
a to
vamos we go
en on / in
avión airplane
autobús bus
prefiero I prefer
el the
feo ugly
juego I play
videojuegos videogames
dibujo I draw
leo I read
porque because
un día one day
vomité I threw up
baño bathroom
nosotras we (female)
universidad university
muy very
grande big
me mira she/he looks at me
me dice she/he says to me
por favor please

diez ten
minutos minutes
me siento I seat myself
sentarte (you) sit down
siéntate sit down (command)
entra en enters
entro en I enter
escalera stairs
estudiantes students
corren they run
correr to run
corro I run
ejercicio exercise
difícil difficult
casi me muero I almost die
no puedo I can't
respirar to breathe
sale de leaves
se ríe laughs
estoy I am
cansada tired
puedes you can
niña girl

Capítulo tres: Las estatuas

iglesia church
nada nothing
no toques nada don't touch anything
las manos the / your hands
basílica colegiata big important church
bonita pretty
también also
las estatuas the statues
los pies the feet
toco I touch

todas all
mis manos my hands
mis pies my feet
mi cabeza my head
ombligo belly button
mi lengua my tongue
está is
contenta content / happy
mirar to look at
tocar to touch
es obvio it's obvious

Capítulo cuatro: El caballito (y otras aventuras)

caballito pony
otras other
mercado market
compramos we buy
fruta fruit
juguetes toys
favorita favorite
me da gives me
dinero money
comprar to buy
del of the
compro I buy
treinta thirty

pesos Mexican money
un problema a problem
pongo I put
bueno good
pienso I think
malo bad
opinión opinion
grito I yell
lloro I cry
persona person
al to the
parque park
veo I see

quiero montar al caballito I
 want to ride the pony
todos all
los niños the children
montan al caballito they ride
 the pony
otros other
monto a I ride
cuando when
camina walks
círculos circles
para for
hace pipí pees
hace popó poops
saca una fotografía takes a
 picture

es normal it's normal
que that /who
personas people / persons
caballo horse
otro another
dos two
el hombre the man
guitarras guitars
ellos they
música music
canto I sing
bien well / good / okay
practico I practice
para ser famosa in order to
 be famous

Capítulo cinco: La zapatería

zapatería shoe store
zapatos shoes
obsesión obsession
adicción addiction
tú you
tú quieres you want / do you
 want?
tú necesitas you need
son they are
ridículo ridiculous
le respondo I respond to her

gracias thank you
está it is
está bien it is okay
sentarse to sit down / to be
 seated
veo I see
la mujer the woman
la calle the street
ella she
bebé baby
cuatro four

hijos children
otros cuatro hijos four other
 children (sons, or sons and
 daughters)
familia family
me levanto I stand up
camino I walk
hacia toward
camino hacia I walk to
hijo son

usted you (formal)
estoy triste I am sad
caminan they walk
para mí for me
necesita needs
perfecto perfect
idea idea
hay there is / there are
cinco five
pares pairs

Capítulo seis: Zapatos para la familia

expresión expression
mucho gusto pleased to meet
 you / much pleasure
nuevos new
hablan they speak / talk
le da... a toda la familia
 gives ... to the whole family
solamente only
cuestan they cost
mil thousand
cuarenta forty
paga pays
eres you are

tú eres especial you are special
para ti for you
qué how
qué ridículo how ridiculous
rojos red
azules blue
la escuela the school
para la escuela shoes for
 school
zapatos para fiestas shoes
 for parties
yo necesito I need

Capítulo siete: Tortillas y helado

caminamos we walk
todos everyone / everybody
comemos we eat
todos comemos we all eat
la comida the food
preparan they prepare
medio middle
en medio de in the middle of

los frijoles the beans
helado ice cream
la heladería the ice cream
 shop
lavamos nuestras manos we
 wash our hands
pienso... en I think ... about
normalmente normally

Capítulo ocho: La panadería

por la calle along the street
panadería bakery
el pan dulce sweet bread
entramos en we enter

perritos puppies
oficina office
veterinaria female veterinarian
un papel a (piece of) paper

Capítulo nueve: La oficina de la veterinaria

ventana window
yo leo I read
necesitan they need
una casa nueva a new house
entro en I enter / I go in
tres three
el suelo the oor
juegan they play
dos two
niños boys

nueve nine
otro other / another
niño boy
le pregunto I ask him / her
se llaman they are called /
 their names are
¿Cómo se llaman? What are
 they called? / What are their
 names?
pulgas fleas

salta jumps
sobre on, on top of
estómago stomach
me río I laugh

el perro the dog
abandonó abandoned
se sienta sits down

Capítulo diez: Sam

fabuloso fabulous
adoptar to adopt
corre hacia runs to
salta hacia jumps to
interesante interesting
¡qué interesante! how
 interesting!
se ríen they laugh
este this

momento moment
fotógrafo photographer
 (male)
periódico newspaper
el presidente the president
 (male)
fotógrafa photographer
 (female)

ALPHABETICAL GLOSSARY

a to
abandonó abandoned
la **actriz** actress
la **adicción** addiction
adoptar to adopt
al = a + el to the
alta tall
años years
el **autobús** bus
los **autobuses** busses
aventura adventure
el **avión** plane
azules blue
bailarina ballerina
bańo bathroom
basílica colegiata big important church
el **bebé** baby
bien well / good / okay
boca mouth
bonita pretty
buena/s, bueno/s good
caballito pony
caballo horse
cabeza head
cafés brown
la **calle** street
cámara camera
camina walks

caminamos we walk
caminan they walk
camino I walk
cansada tired
canto I sing
capítulo chapter
casa house
casi almost
castaño dark-haired
cinco ve
círculos circles
Colegiata: Basílica
Colegiata big important church
come eats
comemos we eat
comen they eat
comer to eat
comida food
como like
cómo how
compra buys
compramos we buy
comprar to buy
compro I buy
con with
contenta content / happy
corre runs
corren they run

correr to run
corro I run
cuando when
cuarenta forty
cuatro four
cuestan they cost
da gives
  le da... a toda la familia gives ... to the whole family
  me da gives me
de of / from
del = de + el of the / from the
depende it depends
el día day
dibujo I draw
dice says
  me dice she or he says to me
diez ten
difícil difficult
digo
dinero money
dos two
dulce sweet
  pan dulce sweet bread
ejercicio exercise
el the
él he
ella she
ellos they

en in / on
entra en enters
entramos en we enter
entro en I enter
eres you
es is
escalera stairs
escuela school
especial special
está is
están they are
estatuas statues
este this
éste this / this one
estómago stomach
estoy I am
estudiantes students (male or female)
la expresión expression
fabuloso/s fabulous
familia family
famosa/s, famoso famous
favor: por favor please
favorita favorite
feo ugly / bad
fiesta party
fotógrafa photographer (female)
fotografía photograph
fotógrafo photographer (male)

33

los **frijoles** beans
fruta fruit
gracias thank you
grande/s big
grito I yell
guitarras guitars
gusto pleasure
  mucho gusto nice to meet
    you
habla speaks / talks
hablan they speak / talk
hace does / makes
  hace pipí pees
  hace popó poops
hacer to do / to make
hacia toward
  camino hacia I walk to
  corre hacia runs to
  salta hacia jumps to
hay there is / there are
heladería ice cream shop
helado ice cream
hijo son
hijos children / sons / sons
  and daughters
hola hi / hello
el **hombre** man
los **hombres** men
idea idea
iglesia church

importa: no importa
interesante interesting
juegan they play
juego I play
los **juguetes** toys
la the
las the
lavamos we wash
lengua tongue
leo I read
levanto: me levanto I stand
  up
librito little book
llama: se llama calls herself,
  itself, himself / is named
llaman: se llaman they call
  themselves / they are named
llamas: te llamas you call
  yourself / you are named
llamo: me llamo I call
  myself / my name is
lloro I cry
los the
malo bad
mamá mom
las **manos** hands
medio half / middle
  en medio de in the middle
    of
mercado market

mi my
mí me
mil thousand
minuto/s minutes
mira looks at / watches
 me mira she or he looks at
  me
miran they look at / they
 watch
mirar to look at / to watch
miro I look at / I watch
mis my
momento moment
montan they ride
montar to ride
monto a I ride
muchas, muchos many / a
 lot of
mucho a lot of
 mucho gusto pleased to
  meet you / much pleasure
muero: me muero I die
la **mujer** woman
música music
muy very
nada nothing
 no toques nada don't
  touch anything
  (command)
necesita needs
necesitan they need

necesitas you need
 ¿tú necesitas? do you
  need?
necesito I need
niña girl
niño boy
niños boys
no not
normalmente normally
nosotras we (female)
nuestra/s our
nueva new
nueve nine
nuevos new
o or
la **obsesión** obsession
obvio obvious
ocho eight
oficina office
los **ojos** eyes
ombligo belly button
la **opinión** opinion
otra/s, otro/s other / another
el **pan** bread
 pan dulce sweet bread
panadería bakery
el **papel** paper, piece of paper
para in order to / for
 para mí for me
 para ti for you
el **par** pair

35

los **pares** pairs
el **parque** park
pelo hair
perfecta/o perfect
periódico newspaper
pero but
perrito puppy
perritos puppies
perro dog
persona person
personas people / persons
pesos Mexican money
pienso I think
   pienso en I think about
los **pies** feet
el **pipí** peepee
   hace pipí pees
pirata pirate (female or male)
pongo I put
el **popó** poop
   hace popó poops
por for
   por favor please
porque because
practico I practice
prefiero I prefer
pregunto I ask
   le pregunto I ask him or her
preparan they prepare

presidenta president (female)
el **presidente** president (male)
el **problema** problem
puedes you can
puedo I can
pulgas fleas
que that / than
   más famosa que more famous than
qué how / what a
   ¡qué interesante! how interesting!
quiere wants
quieres you want
   ¿tú quieres? do you want?
quiero I want
   quiero montar I want to ride
respirar to breathe
respondo I respond / I answer
ridículo/s ridiculous
ríe: se ríe laughs
ríen: se ríen they laugh
río: me río I laugh
rojos red
rubio blonde
saca: saca una fotografía takes a picture

saco: saco fotografías I take
  pictures
sale de leaves
salta jumps
se herself / himself /
  themselves
seis six
sentarse to sit down
sentarte (you) sit down
señora lady / Mrs.
ser to be
sienta: se sienta sits down
siéntate you, sit down
siento: me siento I seat
  myself
siete seven
sobre on, on top of
solamente only
son they are
soy I am
su her / his / their
suelo floor
súper super
también also
te you / to you
tengo I have
ti you
tiene she has
tienen they have
tocar to touch
toco I touch

toda, todas, todo, todos all
toques: no toques nada
  don't touch anything
  (command)
trabaja works
trabajo job / work
treinta thirty
tres three
triste sad
tú you
un a / one
una a / one
la **universidad** university
uno one
usted you (formal)
vamos we go
veintinueve twenty-nine
ventana window
veo I see
veterinaria female
  veterinarian
viaja travels
viajo I travel
videojuegos videogames
vomito I throw up
vomité I threw up
voy I go
y and
yo I
zapatería shoe store
zapatos shoes

Changes in the 2nd Edition from the 1st Edition

Capítulo 1
No changes

Capítulo 2
p. 3: *visito* changed to *viajo*
p. 4: *los escalones* changed to *la escalera*
    las escaleras grandes changed to *la escalera*
    Me mira en los escalones. changed to *Ella me mira en la escalera.*
    Mi mamá me mira. Ella se ríe. changed to *Ella me mira y se ríe.*

Capítulo 3
p. 5: *la Basílica* changed **twice** to *la iglesia*

Capítulo 4
p. 7: *tres* changed to *treinta*
    Pero en mi opinion changed to *Yo pienso que*
    super changed to *súper*
    feo changed twice to *malo*

p. 8: *Pero* has been removed from this sentence:
    ~~Pero~~ Yo no saco una fotografía del caballo.

p. 9: *dos personas* changed to *dos hombres*

    Yo saco fotografías de las dos personas con guitarras.
changed to:
    Yo saco fotografías de ellos.

    Yo canto con las guitarras. changed to:
    Yo canto con los dos hombres con guitarras.

    En mi opinión, changed to: *Yo pienso que*

    Me miran porque canto muy bien. changed to:
    Yo pienso que me miran porque canto muy bien.

Capítulo 5
p. 11: *Yo veo a una mamá con cuatro hijos y un bebé.* changed to
Ella es una mamá con un bebé y otros cuatro hijos.

Capítulo 6
p. 14: *El zapatero* changed to: *El hombre en la zapatería*

The following sentence is new:
Él tiene muchos zapatos nuevos.

Los zapatos no cuestan mucho. changed to
Yo pienso que los zapatos no cuestan mucho.

cuarenta pesos changed to: *mil cuarenta pesos*

Capítulo 7
No changes

Capítulo 8
p. 18: *veterinario* changed to *veterinaria* (also on pp. 19, 20, 22 and 23)

Capítulo 9
p. 19: These two sentences:
En la ventana yo veo un papel. Yo camino a la oficina de la veterinaria.
are replaced by this sentence:
Yo veo un papel en la ventana de la oficina de la veterinaria.

Capítulos 9 y 10
p. 20: *Jorge tiene cinco años.* changed to: *Él tiene cinco años.*

In the 1st Edition, Chapter 9 ended with this sentence:
Yo saco fotografías de Pulgas, Gaby y Sam.

The first part of what was Chapter 10 is now at the end of Chapter 9.
Chapter 9 now ends on p. 21 with this line:
Sam no se sienta. Sam corre.

Chapter 10

Chapter 10 now begins on p. 22 with this sentence which was in the middle of p. 21 before:

Mi mamá entra en la oficina de la veterinaria.

p. 22: Before, Isabela said this: —*Yo quiero un perrito, mamá.*
This is changed so that now she says:

—*Yo quiero un perrito, mamá. Todos los perritos son fabulosos, pero yo prefiero a Sam. Quiero adoptar a Sam.* (These last 2 sentences were a separate paragraph, not spoken by Isabela.)

These two sentences:

Sam corre a mi mamá. Sam le salta a mi mamá.
are changed to these two:

Sam corre hacia mi mamá. Sam salta hacia mi mamá.

pp. 22-23: *¡Qué sorpresa!* on p. 22 changed to:
¡Qué interesante! on p. 23.

p.23: *Carlos se ríe. Jorge se ríe.* changed to:
Carlos y Jorge también se ríen.

New paragraph: *Mi mamá le dice a la veterinaria:*
—*Yo pienso que es el perrito perfecto para Isabela.*

Moved from p. 23 to p. 24:

famosa que una pirata.
Yo soy Isabela, la famosa.
Yo tengo una idea. Yo no quiero ser la presidenta. Yo no quiero ser actriz. Yo no quiero ser pirata.

High frequency vocabulary and structures are presented repeatedly in all books in the Isabela Series; illustrated by Pablo Ortega López — for beginning adults and children.

Isabela captura un congo
Book 2 – Isabela Series – 350 unique words

Isabela is a precocious 9½-year-old girl who finds herself in trouble again while visiting Costa Rica with her mother. "I don't cause problems!" she insists. "Problems find me." Isabela and her friend Daniel plan to capture and train a howler monkey. When a baby monkey shocks himself on an electrical wire and falls from a tree, they try to save his life.

Carl no quiere ir a México
Book 3 – Isabela Series – 350 unique words

Nine-year-old Carl and his mother are moving to Guanajuato, Mexico. He doesn't want to go! When he gets there, he doesn't speak Spanish. He misses his favorite foods. He has no friends. He's desperately unhappy. Things change when he notices stray dogs on the streets and he starts playing soccer. How can he become a happy boy in Mexico?

Also by Karen Rowan

Don Quijote, el último caballero

for intermediate beginners and advanced beginners; in present tense and the same story also in past tense; written to be acted out in a class; beautifully illustrated by Pablo Ortega López; fewer than 200 unique words

Don Quijote, el último caballero is an amusing, ironic and tragic story based on Miguel de Cervantes' 17th-century novel Don Quixote de La Mancha. The story features the most famous scenes—the waitress Dulcinea that the Spanish gentleman Don Quijote thinks is a beautiful lady, windmills that he thinks are an army of giants, shepherds and sheep he believes are going to attack him and his humble companion Sancho Panza.

To obtain copies of
Las aventuras de Isabela
contact
Fluency Fast Language Classes

or

Command Performance Language Institute
(see title page)

or

one of the distributors listed below.

DISTRIBUTORS
of Command Performance Language Institute Products

Sosnowski Language Resourses Pine, Colorado (800) 437-7161 www.sosnowskibooks.com	*Midwest European Publications* Skokie, Illinois (800) 277-4645 www.mep-eli.com	*World of Reading, Ltd.* Atlanta, Georgia (800) 729-3703 www.wor.com
Applause Learning Resources Roslyn, NY (800) APPLAUSE www.applauselearning.com	*Continental Book Co.* Denver, Colorado (303) 289-1761 www.continentalbook.com	*Delta Systems, Inc.* McHenry, Illinois (800) 323-8270 www.delta-systems.com
The CI Bookshop Broek in Waterland THE NETHERLANDS (31) 0612-329694 www.thecibookshop.com	*Taalleermethoden.nl* Ermelo, THE NETHERLANDS (31) 0341-551998 www.taalleermethoden.nl	*Adams Book Company* Brooklyn, NY (800) 221-0909 www.adamsbook.com
Fluency Matters Chandler, Arizona (800) TPR IS FUN = 877-4738 www.fluencymatters.com	*Teacher's Discovery* Auburn Hills, Michigan (800) TEACHER www.teachersdiscovery.com	*MBS Textbook Exchange* Columbia, Missouri (800) 325-0530 www.mbsbooks.com
International Book Centre Shelby Township, Michigan (810) 879-8436 www.ibcbooks.com	*Carlex* Rochester, Michigan (800) 526-3768 www.carlexonline.com	*Tempo Bookstore* Washington, DC (202) 363-6683 Tempobookstore@yahoo.com
Follett School Solutions McHenry, IL 800-621-4272 www.follettschoolsolutions.com	*TPRS Books* Phoenix, AZ 888-373-1920 www.tprsbooks.com	*Piefke Trading* Selangor, MALAYSIA +60 163 141 089 www.piefke-trading.com

MISSION: The mission of Fluency Fast is to create and sustain a movement that causes a global shift in consciousness by transforming communications among individuals, communities, and countries and inspiring people to use language as a tool to build bridges with other cultures. Our goal is to dispel the myth that learning languages is difficult and to inspire people to have fun learning Arabic, French, German, Mandarin, Russian and Spanish, easily, inexpensively, effectively and in a brief period of time.

Many bilingual programs around the world whose missions are aligned with ours do not have sufficient access to English books and shipping is cost-prohibitive. Copies of many of our books are available on-line in English for free. Go to *www.fluencyfast.com/isabela.htm* to download.

For other Fluency Fast books, a schedule of upcoming classes and a list of our on-line language classes, visit us at *www.fluencyfast.com*.

Phone: 1-719-633-6000

Fluency Fast is an equal-opportunity educator and employer. We do not discriminate on the basis of race, color, gender, creed, sexual orientation, disability or age.